Jim le cow-boy
et Cochise l'Indien

Ce texte est inspiré du récit
du chef Kahkewaquonaby (1861),
qu'on peut notamment lire dans
Sagesse des Indiens d'Amérique,
éditions La Table ronde.

Conforme à la loi n°49956 du 16 juillet 1949 sur les publications destinées à la jeunesse
ISBN 978-2-09-251399-6
N° éditeur : 10136075 - Dépôt légal : juin 2007
Imprimé en France

Thierry Lenain

Jim le cow-boy et Cochise l'Indien

Illustrations de Jörg Mühle

Nathan

Le soleil s'est levé.

Jim le cow-boy a bu son café.

Il est prêt.

Au boulot maintenant !

Jim va planter des piquets
toute la journée,
aussi loin qu'il pourra.

Quand il aura fini,
au coucher du soleil,
toutes les terres qui seront derrière lui
seront à lui.
Ce soir, Jim sera riche.

Le nez sur ses piquets,
Jim plante, plante, plante, plante
aussi vite qu'il peut.
Mais au trois cent douzième
piquet, il doit s'arrêter.
Devant lui est assis
Cochise l'Indien.

JIM
JIM
JIM
JIM

Cochise ne voit pas
tout de suite Jim.
Cochise est occupé à rêver.
Il parle avec l'esprit du vent,
avec l'esprit de la prairie
et avec l'esprit de l'aigle
qui vole au-dessus de lui.

Jim
Jim
Jim

Jim ronchonne :
– Ohé !

Cochise quitte les esprits du vent, de la prairie et de l'aigle qui vole au-dessus de lui. Il dit :
– Oui ?

– Pousse-toi ! ordonne Jim.
– Pourquoi ? demande Cochise.
Je m'assois ici depuis des lunes et des lunes pour parler aux esprits du vent, de la prairie et de l'aigle.
Avant moi déjà, mon père s'asseyait ici, et avant lui, son père aussi.

Jim sort sa bourse
en soupirant :
– Ce terrain t'appartient ?
Je te l'achète !

Cochise ouvre grand les yeux.

– C’est impossible !

Jim s'énerve :

– Tu ne veux pas me le vendre ?

– Je ne peux pas, explique Cochise. L'esprit du vent, celui de la prairie et celui de l'aigle me laissent m'asseoir ici depuis des lunes et des lunes, mais cette terre n'appartient à personne.

Jim déclare :
– Alors si cette terre
n'appartient à personne,
je ne la vole à personne.
Pousse-toi,
que je plante mon piquet !

Cochise ne se lève pas.

Excédé, Jim dégaine ses pistolets.
– Puisque tu ne veux pas partir, nous allons nous battre en duel. Voilà un pistolet. Je vais à cent pas. Et tant pis pour celui qui tirera le dernier !

Cochise se lève enfin. Il dit :
– Tu es fou ! C'est dangereux, les pistolets. Je pourrais te blesser, ou même te tuer. Et je n'en ai pas du tout envie.
– Trouillard ! s'écrie Jim. Plume mouillée !

Cochise soupire :
– Tu tiens vraiment à ton duel !
Bon... Regarde le tronc là-bas.
Il est aussi grand et aussi large
que moi. On va dire que c'est moi.
Mets-toi à cent pas. Tu tires.
Si la balle atteint le tronc,
on dira que je suis mort.

Impatient d'en finir,
Jim s'éloigne de cent pas.
Il vise, et il tire.
La balle rate le tronc.
Il s'écrie :
– J'ai eu un éclat de lumière
dans les yeux ! C'est une ruse
d'un de tes esprits !

Cochise sourit. Il répond :
– D'accord... Je te laisse
une deuxième chance.

Jim vise une nouvelle fois.
Il tire.
La balle se fige dans l'arbre.

Cochise applaudit :
– Je suis mort. Bravo, Jim, tu es un grand tireur !
– Oui, et le terrain est à moi, conclut Jim.

Cochise hausse les épaules :
– Tu peux toujours dire cela.
Mais pour l'esprit du vent,
pour l'esprit de la prairie
et celui de l'aigle
qui vole au-dessus de nous,
cette terre restera comme avant.

Cochise ramasse ses affaires.
Il dit :
– Je ne voudrais pas t’embêter plus longtemps, maintenant que je suis mort. Je vais aller rêver un peu plus loin. La prairie est vaste, il y a assez de place pour nous deux.

Et tandis que Jim le cow-boy
se remet à planter
frénétiquement ses piquets,
Cochise l'Indien s'éloigne,
accompagné par l'esprit du vent,
l'esprit de la prairie et celui de l'aigle
qui vole au-dessus de lui.

Thierry Lenain

Quand Thierry était enfant, il se faisait des peintures sur le corps, et il jouait aux Indiens et aux cow-boys avec ses copains. Il était indien, jamais cow-boy. Et puis un jour, alors qu'il était adulte, il a lu un livre écrit par un Indien. Et il a eu l'impression que cet Indien lui parlait...

Jörg Mühle

Quand j'étais petit, comme tout le monde, j'ai voulu devenir cow-boy ou indien. Je savais déjà faire un feu, m'approcher à pas de loup, enterrer la hache de guerre, etc. Un jour, mes grands-parents m'ont fait monter sur un cheval. C'était drôle jusqu'au moment où le cheval est parti subitement au galop. Et c'est à ce moment-là que j'ai réalisé que l'on ne m'avait pas encore expliqué comment l'arrêter. Deux heures après, quand mes grands-parents m'ont finalement retrouvé, j'avais décidé de devenir illustrateur.

Découvre d'autres histoires dans la collection
nathanpoche 6-8 ans

Contes

Un beau jour pour être riche

de Patrice Favaro, illustré par Renaud Perrin

Jagan et son père, Sriram, sont des **saltimbanques** qui montrent un numéro de marionnettes. Un jour, dans le bol posé à leurs pieds, apparaît un **billet de 500 roupies** : une fortune ! Que faire de toute cette **richesse** ?

Le secret d'Olga

de Sophie Pavlovsky, illustré par Julie Lesgourgues

Olga est la plus **petite** des matriochkas : elle se cache dans Irina qui s'emboîte dans Ivanka qui se cache dans Natalia, elle-même dissimulée dans Natacha. Olga est **malheureuse** car elle **ne s'ouvre pas**…

AVENTURE

Sven le Viking

de Arnaud Alméras, illustré par Robin

Après avoir affronté une violente tempête, Sven et son père Ofeig, le terrible chef des **Vikings**, échouent sur une île. Ofeig et son équipage se préparent à faire un **massacre**, mais les **habitants** de l'île leur réservent une drôle de **surprise**…

Moi, Ferdinand, quand j'étais Grand Chef indien

de René Gouichoux, illustré par Christophe Merlin

« Un jour, quand j'étais pirate, une géante m'enferma dans ma **chambre**. Alors, j'ouvris une armoire. Je dénichai un **habit d'Indien**. C'est ainsi que je devins **Jaguar Féroce**, le Grand Chef Indien… »

fantastique

Quel bazar, Léonard !

de René Gouichoux, illustré par Pronto

La mère de Léonard en a assez du **désordre** qui règne dans la chambre de son fils. Léonard doit **ranger**. Mais devant l'ampleur de la tâche, il est **découragé**. Soudain, on frappe à sa fenêtre…

Chipie-Cata et la sorcière

de Jean-Loup Craipeau, illustré par Yves Calarnou

Chipie-Cata adore **patauger** dans les flaques et déteste **obéir** à ses parents. Sa maman se met en colère. Chipie-Cata **s'enfuit**. Mais attention à Spouitchi, l'horrible **sorcière** du marais…

HUMOUR

Attention, chien PAS méchant !

de François David, illustré par Béatrice Rodriguez

Sans Peur c'est le nom de notre nouveau chien. Il est super sauf qu'il **n'aboie jamais** et qu'il **a peur de tout** ! Pour un **chien de garde**, c'est ennuyeux… Mais pour rien au monde, on n'en changerait !

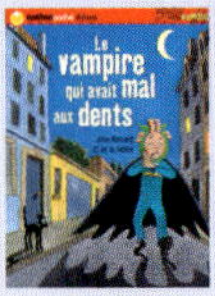

Le vampire qui avait mal aux dents

de Ann Rocard, illustré par Claude et Denise Millet

Pikadir le **vampire** a si **mal** aux dents qu'il ne peut plus boire de sang. Franchement, pour un vampire, il y a de quoi **rire** ! Pikadir survole la ville à la recherche d'un **dentist**e…